CARNET
DU
JEUNE
ROBINSON

e temps qu'il fait

Mymi Doinet

Illustrations de

Etienne Souppart

Conseiller scientifique

Jean-Pierre Roucan

Responsable éditoriale : **Catherine Faveau**
Conception graphique : **Michel Renard**
Direction artistique : **Claire Rébillard**
Maquette : **Atelier Pangaud**
Illustration de couverture :
Jean-Jacques Hatton
Activités : **François Hardy**
Avec la participation de
Marie-Claude Durance

© Éditions Nathan, Paris, 1999

Dépôt légal Mai 1999
ISBN : 2- 09-270 010 - 3
Numéro d'éditeur : 100 52 913
Imprimé par Vincenzo Bona - Torino

Conforme à la loi n° 49-956 du 16 juillet 1949
sur les publications destinées à la jeunesse.

Crédits photographiques : Carnet : p. 2 : G. Cozzi/ANA, A. Schliack/ANA, N. Rakhmanov/ANA. p. 4 : G. Cozzi/ANA. p.8 : Explorer/Géopress. p. 9 : A. Peter/Pix. p. 10 : M. Serraillier/ Rapho. p. 12 : M. Colonel/Explorer. p. 14 : Gamma/Photo Pool (hg), P. Roy/Explorer (hd). p. 16 : Garrigues/Rapho. p. 18 : A. Schliack/ANA. p. 20 : Explorer/K. Wood/Ph. Researche. p. 22-23 : de Sazo/Rapho. p. 23 : D.R. (m). p. 24 : Pix/Dia Max. p. 26 : Stockimage/First Light. p. 27 : Gamma/Rolle/Liaison (h), Archives Nathan/NASA (b). p. 28 : Explorer. p. 29 : Cosmos/NOAA/Science Photo Library (h), S. Gutierrez/ANA (b). Calepin : p.7 : R. Debeugny/Météo-France (g), A. A. de l'Aigoual/Météo-France (mg), A. Masson/Météo-France (md), Météo-France(d). p. 8 : A.A. de l'Aigoual/Météo-France (g et mg), Météo-France (m), A. Lapujade/Météo-France (md), Météo-France (d). p. 11 : Météo-France (hg), N. Rakhmanov/ANA (hd), Fons/Météo-France (mg), D. R. (md), P. Aucante/ANA (bg), Klein/Bios (bd). p. 12 : Météo-France. p. 15 : Roger-Viollet (hg), Archives Nathan (md), D.R. (mg), M. Evans/Explorer Archives (bd).

SOMMAIRE

le carnet

le calepin

QUEL TEMPS FERA-T-IL DEMAIN ?

Chacun se pose cette question ! Le marin qui redoute la tempête. L'agriculteur qui attend la pluie. Le pilote qui craint le brouillard. Et toi qui souhaites du Soleil pour ta rando... Avec ce guide, prépare-toi à faire la pluie et le beau temps !

C'est l'heure du bulletin météo !

La météorologie est l'étude des phénomènes de l'atmosphère. Pour les observer, des satellites tournent autour de la Terre. Ils nous transmettent régulièrement des informations sur la couverture nuageuse, les vents et les températures à la surface du sol et en altitude. Les météorologues entrent ces données dans leurs ordinateurs pour établir des prévisions. Ainsi est préparée la carte météo que tu découvres chaque jour à la télévision.

En page 12 de ton calepin, découvre comment lire une carte météo.

Fabrique ton abri météo

L' abri météo te permettra d'installer tes appareils de mesure et d'effectuer tes relevés dans de bonnes conditions.

I Utilise une grande boîte en bois que tu couches sur le côté (dimensions minimum couchée : 35 cm de large, 35 cm de profondeur et 40 cm de hauteur). Demande à un adulte de percer des trous sur la face arrière.

2 Pour le toit, cloue une planche inclinée qui déborde tout autour de la boîte (environ 55 cm x 65 cm). Incline-la en plaçant un tasseau entre les deux avant de clouer.

3 Peins ton abri entièrement en blanc pour éviter qu'il ne chauffe trop au soleil.

4 Place ton abri loin de tout obstacle (arbre, bâtiment), posé sur un muret, des briques ou des pierres.
Oriente l'ouverture au nord.

5 Installe tes instruments : thermomètre, baromètre, hygromètre, carnet de relevés et crayon.
Pose à proximité le pluviomètre et la girouette.

LE SOLEIL, MAÎTRE DES SAISONS

La Terre, inclinée sur son axe, tourne autour du Soleil en une année. Elle ne reçoit pas partout et en même temps la même quantité de chaleur.

Le rythme des saisons

La Terre est partagée en deux hémisphères. Pendant six mois, lorsque l'hémisphère Nord est tourné vers le Soleil, il connaît des jours longs et chauds, c'est le printemps puis l'été.

Pendant cette même période, dans l'hémisphère Sud, les jours sont courts et froids, c'est l'automne et l'hiver. Les six autres mois de l'année, le contraire se produit. Les pays tropicaux ne connaissent que deux saisons : une saison sèche et une saison humide.

Les saisons dans l'hémisphère Nord

Équinoxe de printemps, le 21 mars :
le jour et la nuit ont la même durée.

Solstice d'été,
le 21 juin : c'est le jour
le plus long et la nuit
la plus courte
de l'année.

Solstice d'hiver,
le 22 décembre :
c'est le jour le plus court
et la nuit la plus longue
de l'année.

Équinoxe d'automne, le 23 septembre :
le jour et la nuit ont la même durée.

Fabrique un cadran solaire

À la belle saison et par un beau ciel clair,
utilise les rayons du soleil pour te donner l'heure.

Matériel : 1 kg de terre à modeler à séchage à l'air libre, un bâton bien droit (30 cm de long, diamètre d'un crayon), 2 tasseaux de bois (longueur 20 cm, épaisseur 2 cm), une planchette 30 x 30 cm.

1 Étale le paquet de terre sur la planchette avec la paume de la main pour obtenir une galette de 2,5 cm d'épaisseur. Espace les tasseaux de 18 cm et égalise l'épaisseur avec un rouleau à pâtisserie.

2 Enlève les tasseaux, et découpe au couteau un carré parfait de 17 cm de côté. Trace à l'intérieur 4 carrés égaux. Pour écrire, utilise un cure-dents en bois. À partir du centre, dessine au compas un cercle de 7,5 cm de rayon. Dans chaque quart, trace à l'aide d'un rapporteur 6 portions de 15°. Perce le centre du cercle à l'aide d'un crayon, le bâton doit pouvoir légèrement coulisser. Écris le chiffre 12 en bas du cadran.

3 *Écris les chiffres 1 à 24 au cure-dents, en commençant par le 12 déjà inscrit. Chaque trait correspond à une heure. Laisse ensuite sécher la terre.*

sud — latitude

4 Incline ton cadran, le 12 doit être en bas. Cherche dans un dictionnaire la latitude du lieu où tu te trouves (par exemple, Bordeaux = 45°). Règle le bâton pour que le cadran soit incliné du même angle que la latitude (utilise le rapporteur).

5 Oriente le cadran vers le sud. L'ombre du bâton t'indique l'heure solaire (en été : heure légale = heure solaire + 2 h ; en hiver : heure légale = heure solaire + 1 h).

CLIMATS EXTRÊMES

Des pôles à l'équateur, les variations de température extrêmes sont enregistrées grâce au thermomètre...

Crée ton agenda météo «tour du monde»

Au cours des 12 mois de l'année, place dans un classeur les articles de presse relatifs aux températures records relevées aux quatre coins de la planète.
Collecte les reportages sur les cyclones, sécheresses, inondations, chutes de grêlons spectaculaires...
Expose aussi tes photos d'arcs-en-ciel ou de flocons de neige zoomés sur ton appareil photo lors de tes plus belles expéditions !

INCROYABLE
Le record de température, 58 °C, a été relevé en Libye.

8

L'été polaire

Au pôle Nord et au pôle Sud, l'année est partagée en six mois d'été et six mois d'hiver. Au milieu de l'été polaire, le Soleil ne se couche pas. Il reste au-dessus de l'horizon 24 heures par jour ! C'est le phénomène qu'on appelle le Soleil de minuit. Cependant, durant cette période, la température dépasse rarement 0 °C ! Inversement, au cœur de l'hiver, comme sous l'effet d'une interminable éclipse totale de Soleil, il fait nuit en plein jour !

Les variations du thermomètre

Relève les températures affichées sur ton thermomètre aux mêmes heures, matin et soir. Compare-les à celles annoncées par le bulletin météo du journal ou de la télé.

L'ATMOSPHÈRE, UNE ENVELOPPE PROTECTRICE

Sans l'atmosphère qui entoure la Terre, tu mourrais de chaud le jour, et de froid la nuit !

De quoi est composée l'atmosphère ?

L'atmosphère est composée de gaz, essentiellement d'oxygène et d'azote.

Elle renferme aussi de la vapeur d'eau, des cristaux de sel venus des océans, des grains de pollen et de sable, de la poussière volcanique et des résidus rejetés par les voitures et les fumées industrielles.

C'est autour de ces mini noyaux que vont se constituer les gouttes de pluie, de grêle ou de neige.

Fabrique un hygromètre à cheveu

Pour prévoir s'il va pleuvoir, détecte la quantité d'humidité contenue dans l'air.

I Fixe une attache murale au dos d'une planchette de bois de 30 cm x 20 cm. Sur l'endroit, enfonce un clou en haut. Noue un très long cheveu au clou et leste-le avec un bouton en plastique.

perles

bobine

cheveu

Découpe une flèche en carton bristol et colle-la sur une bobine de fil évidée. Fixe un second clou en bas en suivant le dessin.

Les couches de l'atmosphère

Au plus loin, se trouve l'exosphère. Elle est située au-dessus de 1 000 km. C'est le domaine des navettes spatiales et des satellites.

Dans la thermosphère, jusqu'à 80 km de notre sol, la température s'élève jusqu'à plus de 2 000 °C.

La mésosphère est située entre 80 et 50 km. La température y descend jusqu'à - 100 °C.

La stratosphère, située entre 50 et 10 km, abrite la couche d'ozone qui filtre les rayons du Soleil. Ici volent les avions supersoniques.

La troposphère est située entre 10 et 0 km du sol. Ici se forment les nuages, la pluie, les ouragans.

3 *Place ton hygromètre dans un lieu humide (salle de bains après la douche), le cheveu s'allonge : marque la position de l'aiguille en dessinant un nuage. Place-le dans l'air sec au-dessus d'un radiateur chaud, le cheveu rétrécit : l'aiguille prend une autre position, dessine un soleil.*

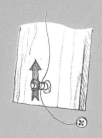

2 *Enroule le cheveu d'un seul tour sur la bobine.*

LA PRESSION ATMOSPHÉRIQUE

Le poids de l'air sur la Terre varie d'une région à une autre. Les variations de pression aident à prévoir le beau ou le mauvais temps...

Une découverte « de poids »

En 1643, Evangelista Torricelli, physicien italien élève de Galilée, inventa le baromètre.

Il retourna sur une cuve contenant du mercure un tube de verre rempli de mercure. Le niveau du mercure s'abaissa dans le tube sans qu'il se vide entièrement : il comprit que l'air pesait sur la cuve, maintenant le mercure dans le tube. Il venait de découvrir la pression atmosphérique.

Page 15 de ton calepin, découvre 4 autres personnages célèbres qui ont étudié la météo.

Pèse de l'air !

1 Choisis 2 ballons de même taille et gonfle-les chacun au maximum.

2 Fixe chaque ballon à l'extrémité d'un cintre accroché sur un porte-manteau.

3 Perce l'un des ballons. La masse d'air contenue dans le 2e ballon fait pencher le cintre.

Fabrique un baromètre à membrane

Mesure la pression atmosphérique pour prévoir le temps.

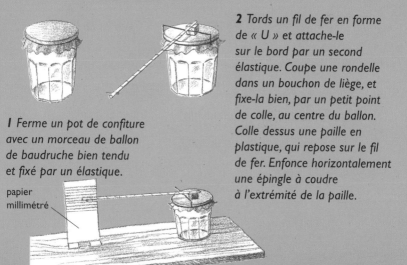

2 Tords un fil de fer en forme de « U » et attache-le sur le bord par un second élastique. Coupe une rondelle dans un bouchon de liège, et fixe-la bien, par un petit point de colle, au centre du ballon. Colle dessus une paille en plastique, qui repose sur le fil de fer. Enfonce horizontalement une épingle à coudre à l'extrémité de la paille.

1 Ferme un pot de confiture avec un morceau de ballon de baudruche bien tendu et fixé par un élastique.

papier millimétré

3 Sur un carton, colle du papier millimétré. Fixe ton carton verticalement sur une planchette. Dispose le bocal pour que la paille puisse monter et descendre librement. **Haute pression** : l'air extérieur appuie sur le ballon, la paille monte. Le temps s'améliore. **Basse pression** : l'air intérieur pousse le ballon, la paille descend. Le temps se dégrade.

L'air pèse sur la Terre

Bien qu'il soit invisible, l'air a une épaisseur. Il pèse sur notre planète en exerçant une force tout autour de la surface de la Terre. Quand il est chaud, il se dilate, il est léger et s'élève. La pression qu'il exerce est faible. Quand l'air est froid, il se contracte et devient lourd. Il exerce une forte pression. Les variations de la pression atmosphérique sont à l'origine de la pluie et du beau temps aux quatre coins du monde !

LE SAVAIS-TU ?

Au sommet du Puy-de-Dôme, en 1648, Blaise Pascal, savant et philosophe français, démontra avec un baromètre que plus on s'élève en altitude, moins la pression de l'air est importante.

LE VENT, QUEL GRAND COURANT D'AIR !

L'air en mouvement crée le vent. Quand tu ouvres une fenêtre, l'air chaud de ta maison rencontre l'air froid du dehors. Tu provoques alors un courant d'air, et tu fais du vent...

Anticyclones et dépressions

Chauffé par le Soleil, l'air se dilate. L'air chaud monte, l'air froid plus lourd descend.

L'air se déplace des zones de haute pression où il est tassé, les anticyclones, vers les zones de basse pression où il est moins tassé, les dépressions : c'est le vent. Sous l'anticyclone, le temps est beau et stable ; dans la zone de dépression, où le vent chasse les nuages, le temps devient variable et pluvieux.

Page 3 de ton calepin, découvre le « Guide des vents ».

POUR LA PETITE HISTOIRE...

Les jours de grand vent, en Chine, 500 ans avant Jésus-Christ, on lançait des cerfs-volants ornés de dragons pour effrayer les ennemis !

Front froid et frond chaud

La dépression naît de la rencontre entre de l'air froid venu des pôles et de l'air chaud venu de l'équateur.

Quand l'air chaud est installé, et qu'une masse d'air froid se glisse sous la couche d'air chaud, il se produit à la rencontre entre les deux, un front froid.

Quand l'air froid est installé, et qu'une masse d'air chaud arrive et s'élève au-dessus de l'air froid, il se produit un front chaud. L'arrivée de fronts froids ou de fronts chauds provoque les perturbations du temps dans les régions tempérées.

Fabrique une girouette

Bien orientée, la girouette t'indique d'où vient le vent.

1 Remplis de sable une bouteille en plastique, et ferme-la avec un bouchon de liège taillé en pointe. Indique sur la bouteille le nord, le sud, l'est et l'ouest, repérés grâce à une boussole.

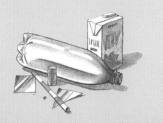

2 Dans une boîte à lait, découpe un rectangle et une pointe de flèche. Fends une paille en plastique aux deux extrémités sur 3 cm de longueur, une fente perpendiculaire à l'autre. Dans une fente glisse le rectangle, dans l'autre la pointe de flèche. Fixe la paille sur le bouchon avec une épingle (pose la flèche en équilibre sur ton doigt pour savoir où l'enfoncer). Place ta boussole dans un endroit bien dégagé.

LA NAISSANCE DES NUAGES

Les mers et les océans couvrent plus de 70% de la surface terrestre. Lorsque l'air chaud et humide s'élève, la vapeur d'eau se condense au contact de l'air froid dans la troposphère. Elle se métamorphose en milliards de gouttelettes qui forment un nuage...

INCROYABLE

Les cumulo-nimbus, nuages d'orage, peuvent contenir 100 000 tonnes d'eau et mesurer plus de 10 km de haut, soit plus de 2 fois la hauteur du Mont-Blanc !

Crée un nuage dans un saladier

1 Fais bouillir 1/2 litre d'eau dans une casserole.

Crée un nuage en parlant

Quand tu parles dehors par temps froid, l'air chaud et humide qui sort de ta bouche t'apparaît sous forme de buée.
Tes bavardages créent de mini nuages !

Le vocabulaire des nuages

Les nuages ont des noms latins selon leur forme et leur altitude :

Page 7 de ton calepin, découvre le « Guide des nuages » et décode leur nom.

cirrus
(filament)

cirro-cumulus
(cirro : filament, cumulus : amas)

cumulus
(amas)

altostratus
(alto : haut)

cumulo-nimbus
(cumulo : amas, nimbus : nuage)

stratus
(étendu)

2 *Pendant ce temps, mets dans le congélateur une assiette sur laquelle tu places une dizaine de glaçons.*

3 *Verse dans un saladier en pyrex transparent 3 cm d'eau bouillante. Place-le sur la casserole d'eau en ébullition.*
Pose sur le saladier l'assiette remplie de glaçons. Un nuage va remplir le saladier !

Dans chaque nuage,
une infinité
de gouttelettes
s'assemblent.
Elles devront être
près d'un million
pour former une
seule goutte d'eau...

Du brouillard à l'averse

Le brouillard se forme, quand les gouttelettes sont encore trop légères pour tomber. La vapeur d'eau se condense en rosée sur les plantes et en brume matinale dans l'air.

Quand les gouttes mesurent 0,5 mm, il tombe une petite pluie tenace qui dure pendant des heures, le crachin. Quand les gouttes sont de 2 mm, gare à l'averse !

Le cycle de l'eau

Sous l'action de la chaleur, l'eau s'évapore de la surface de la Terre et va former les nuages. Quand les gouttes d'eau atteignent la taille d'un millimètre, elles sont trop lourdes... Il pleut ! La pluie rejoint mers et fleuves créant le perpétuel cycle de l'eau.

condensat

évaporation

Fabrique un pluviomètre

I Sur un pot de confiture vide, colle une bande de papier graduée en millimètres.

2 Installe ton pluviomètre dans un endroit bien dégagé. La hauteur d'eau de pluie récupérée correspond à la quantité d'eau tombée sur le sol (1 mm dans ton pluviomètre = 1 litre de pluie par m²). Vide le pot après chaque mesure !

précipitation

Crée du brouillard

I Enveloppe dans un torchon des glaçons. Broie-les avec un rouleau à patisserie.

2 Place la glace pilée dans un moule à gâteau à fond noir.

3 Saupoudre la glace de pincées de sel. Attends quelques minutes.

4 Souffle lentement sur la glace, un brouillard apparaît !

Il fait chaud et humide. Soudain, de hauts nuages sombres obscurcissent le ciel... Ce sont les cumulo-nimbus messagers du tonnerre !

D'où vient le tonnerre ?

L'air chaud monte vers le ciel et heurte des courants d'air froid. À l'intérieur des cumulo-nimbus, le déplacement rapide des vents violents agite les gouttes d'eau et les cristaux de glace. Il se produit de l'électricité statique : des charges positives montent au sommet des cumulo-nimbus, tandis que des charges négatives se concentrent à leur base. La rencontre des deux charges opposées produit une décharge électrique. L'éclair jaillit ! Et la dilatation de l'air chauffé par l'éclair produit le tonnerre.

INCROYABLE

Au moment où tu lis ces lignes, 1800 orages éclatent sur la Terre.
Ils produisent 100 coups de foudre par seconde !

L'OISEAU DE FEU

Les Indiens d'Amérique croyaient que l'orage venait d'un rapace cracheur d'éclairs qui en battant des ailes faisait gronder le tonnerre !

POUR LA PETITE HISTOIRE ...

Un jour d'orage, en 1752, Benjamin Franklin, physicien américain, aurait pu être foudroyé. Il fit voler un cerf-volant lesté d'une clé attachée à un fil. Aussitôt, il vit des étincelles entre sa main et la clé... et il eut l'idée d'inventer le paratonnerre. Placée sur un toit, la tige métallique du paratonnerre, reliée au sol, attire la foudre et conduit l'électricité vers la Terre.

Calcule à quelle distance l'orage se produit

Compte le nombre de secondes qui séparent le moment où tu vois l'éclair de celui où tu entends le tonnerre. Divise par 3.
Ex : si tu comptes 12 secondes, l'orage est à 4 km.

Conseils en cas d'orage, consulte ton calepin page 6.

Comment se forment les flocons ?

Dans l'atmosphère, des grains de poussière en suspension vont servir de noyaux aux flocons. Chaque noyau s'entoure de cristaux de glace. Le flocon grossit. La plupart des flocons de neige sont de forme hexagonale, c'est-à-dire à six branches.

Ils sont tous uniques. Bentley, un fermier américain, qu'on a surnommé « Flocon de neige », a photographié des milliers de flocons à travers un microscope. En 50 ans de patience, il n'en a pas découvert 2 semblables !

IL NEIGE, PAR DESSUS LES TOITS

Pour que la neige tombe, la température de l'air et des nuages doit descendre en dessous de 0 °C. Dès qu'il fait moins froid, la neige devient du grésil, une fine pluie congelée... Puis elle dégèle pour tomber en pluie...

Il pleut des billes de glace !

La grêle est une chute de grains de glace, qui se forment en tournoyant dans les cumulo-nimbus.

Coupe un grêlon en deux. Les couches successives de glace t'indiquent le nombre d'allers-retours que le grêlon a effectué de la base au sommet du nuage !

Observe les flocons à la loupe

À très basse température, tu distingues des cristaux en forme d'aiguille. Lorsque la température remonte, tu découvres des flocons en forme d'étoile !

Fenêtre féerique

L'hiver, observe les vitres. Elles sont parfois recouvertes de givre aux motifs en dentelle. Ces fines couches de glace se forment quand l'air chargé d'humidité gèle.

INCROYABLE

Le diamètre moyen d'un grêlon est inférieur à 2,5 cm. Mais certains sont plus gros qu'une balle de tennis. En tombant, ils cabossent la tôle des voitures et ravagent les cultures.

L'ARC-EN-CIEL, LE PONT MULTICOLORE

Tu crois que la lumière du Soleil est blanche. Effet d'optique ! Elle est constituée d'un mélange de couleurs. L'arc-en-ciel les rend visibles les jours de pluie.

Qu'est-ce qu'un arc-en-ciel ?

L'arc-en-ciel se produit quand il pleut et que le Soleil brille en même temps. Pendant l'averse, la lumière du Soleil traverse les gouttes d'eau et est déviée. En sortant des gouttelettes, chaque couleur contenue dans la lumière solaire va dans une direction un peu différente, ce qui donne 7 bandes de couleurs : le rouge, l'orange, le jaune, le vert, le bleu, l'indigo et le violet.

Crée un arc-en-ciel dans un jardin

1 En fin d'après-midi, place-toi le dos
au Soleil, quand il rayonne bas
dans le ciel.

2 Branche un tuyau
d'arrosage. Projette un jet
d'eau en l'air, face
à un buisson touffu
ou à un mur sombre.
Tu verras apparaître
un arc-en-ciel.

Crée un arc-en-ciel dans ta chambre

1 Place un verre rempli
d'eau devant
une fenêtre
ensoleillée.

2 Pose devant le verre une feuille de
papier blanc. Les rayons solaires vont
traverser le verre et se décomposer
en 7 couleurs sur la feuille.
Suis les contours et reproduis-les
avec tes crayons aux couleurs
de l'arc-en-ciel !

POUR LA PETITE HISTOIRE...

Pour le peuple indien
Navajo, l'arc-en-ciel
représentait un esprit
porte-bonheur.
En Australie,
les Aborigènes croyaient
que les 7 couleurs
venaient d'un esprit
baptisé
« serpent arc-en-ciel »,
veillant du haut
des nuages sur la Terre !

Fabrique-toi une toupie
« arc-en-ciel », page 9
dans ton calepin !

LES COLÈRES DU TEMPS

Quand une violente tempête
tropicale se déchaîne, on l'appelle,
suivant les régions : cyclone,
hurricane, typhon dans les mers
de Chine et du Japon, baguio,
ou willy-willy en Australie...

Naissance d'un cyclone

Les cyclones sont des tourbillons de
vents dévastateurs de près de 1 000 km
de diamètre.

Ils naissent au-dessus des mers tropicales
dont la température dépasse 26 °C. Une dépression va donner lieu à des vents de force
12 qui soufflent à plus de 300 km/h et à
d'énormes nuages d'orage.

En s'élevant, la vapeur d'eau chaude se
déplace en spirale comme une gigantesque
toupie.

Au centre du cyclone, l'air refroidit en altitude et redescend. Il crée une zone de calme.
C'est l'œil du cyclone.

Une tornade dans ta baignoire !

Une tornade est une tempête tourbillonnante formée d'un entonnoir nuageux étroit, d'un kilomètre de diamètre au maximum, collé à la base d'un gros cumulo-nimbus (photo p. 26). Elle balaye et aspire tout sur son passage. Elle ressemble aux tourbillons que tu observes quand l'eau de ta baignoire se vide.

La technologie au service de la météo

Les satellites suivent la trajectoire des cyclones. Grâce aux images qu'ils transmettent, les météorologues préviennent les populations des régions menacées, bien avant l'arrivée du cyclone.

Pour différencier les cyclones, on attribue à chacun d'eux un prénom féminin ou masculin. Ci-contre, une photo du cyclone Elena prise de la navette spatiale Discovery.

LES CHANGEMENTS DE CLIMAT

Tout au long de son évolution, notre planète a subi de grandes variations climatiques. Pendant la dernière ère glaciaire, qui a pris fin il y a 10 000 ans, les troupeaux de mammouths passaient à pied sec du continent européen aux îles britanniques.

Observe les fossiles

ammonite

Mort des dinosaures

Il y a 65 millions d'années, une météorite gigantesque aurait heurté la Terre, et masqué le Soleil. Le refroidissement aurait été fatal aux dinosaures.

tricératops

parasaurolophus

ammonite déroulée

trilobite

Découvre les empreintes fossilisées de coquillages dans les roches, signe qu'autrefois, la mer recouvrait la terre ferme sur laquelle tu te trouves aujourd'hui à pied sec.

Un grand trou dans le ciel

La pollution attaque la couche d'ozone qui nous protège. Située dans la stratosphère, cette couche filtre les dangereux rayons ultraviolets.

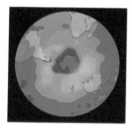

L'effet de serre

L'atmosphère terrestre ressemble à une immense serre de jardinier. Comme une vitre géante, elle laisse passer la lumière du Soleil et garde notre planète au chaud. Sans cet effet de serre, on grelotterait sur Terre. Mais, aujourd'hui, le taux de gaz carbonique provoque un réchauffement excessif de l'atmosphère.

Massacre à la tronçonneuse

Chaque année, dans le monde, l'homme détruit des milliers de kilomètres carrés de forêts, privant notre planète de ses « poumons ». Les arbres absorbent le gaz carbonique et rejettent de l'oxygène et de la vapeur d'eau qui humidifie l'atmosphère. Sans arbres, la Terre serait un désert.

Indices de beau temps

Le Soleil couchant est rouge. La Lune est nette et claire. Les hirondelles volent haut dans le ciel.

LE TEMPS DES CROYANCES POPULAIRES

Autrefois, paysans et navigateurs prévoyaient le temps en observant la nature. Superstition ou science ?
Vérifie leurs présages météo dans ta région...

Un dicton pour chaque mois

JANVIER
Pluie à la fête des rois, des blés jusqu'au toit.

S'il pleut le jour de la fête des Rois Mages, on récoltera beaucoup de blé l'été à venir !

FÉVRIER
À la Chandeleur, l'hiver meurt ou reprend vigueur.

Le 2 février, jour où l'on fait des crêpes, l'hiver s'en va ou reprend de la force.

MARS
Lorsque mars commence en mouton, il finit en lion !

Quand le début de mars est doux, il finit en courroux !

AVRIL
En avril, ne te découvre pas d'un fil !

N'ôte pas top vite tes pulls, tu risques d'attraper un bon rhume !

MAI
En mai, fais ce qu'il te plaît !

Madame Météo

Par temps sec, les écailles de la pomme de pin se durcissent et s'ouvrent. Par temps pluvieux, les écailles absorbent l'humidité et le cône se referme.

Indices de mauvais temps

Le Soleil levant est rouge. La Lune est entourée d'un halo. À l'approche de l'orage, les chevaux piaffent.

JUIN
'il pleut à la saint-Jean,
 fera beau
 la saint-Pierre !

S'il pleut le 24 juin,
il fera beau le 29 juin !

JUILLET
Juillet ensoleillé,
remplit cave et grenier !

S'il fait beau temps en juillet,
on fera de belles récoltes
de raisin et de blé !

AOÛT
Trop beau temps en août
annonce l'hiver en courroux !

Trop de soleil en août,
il neigera beaucoup cet hiver !

SEPTEMBRE
à la saint-michel,
départ d'hirondelles !

Le 29 septembre, les hirondelles partent
en Afrique passer l'hiver au chaud !

OCTOBRE
S'il fait beau à la
saint-Denis,
l'hiver sera bientôt fini !

S'il fait beau le 9 octobre,
l'hiver ne sera pas long !

NOVEMBRE
à la sainte-catherine,
tout bois prend racine !

Tout arbre planté le 25 novembre,
poussera bien !

DÉCEMBRE
Noël au balcon,
Pâques aux tisons !

S'il fait un temps d'été à Noël,
on grelottera à Pâques !

INDEX

Les chiffres en gras correspondent aux pages du calepin.